PROCÉDURE

DANS LES

ACTIONS EN REVENDICATION D'OBJETS VOLÉS

A PROPOS

DE L'ÉPITRE 153 DE SAINT AUGUSTIN

PAR

F. MARTROYE

MEMBRE RÉSIDANT

DE LA SOCIÉTÉ NATIONALE DES ANTIQUAIRES DE FRANCE

Extrait du *Bulletin de la Société nationale des Antiquaires de France*, 1918.

PARIS

1919

PROCÉDURE

DANS LES

ACTIONS EN REVENDICATION D'OBJETS VOLÉS

A PROPOS

DE L'ÉPITRE 153 DE SAINT AUGUSTIN

PAR

F. MARTROYE

MEMBRE RÉSIDANT

DE LA SOCIÉTÉ NATIONALE DES ANTIQUAIRES DE FRANCE

Extrait du *Bulletin de la Société nationale des Antiquaires de France*, 1918.

PARIS

1919

PROCÉDURE

DANS LES

ACTIONS EN REVENDICATION D'OBJETS VOLÉS

A PROPOS

DE L'ÉPÎTRE 153 DE SAINT AUGUSTIN

« Un passage d'une épître de saint Augustin[1], adressée, en 414 selon toute probabilité[2], au vicaire d'Afrique Macedonius[3], a trait à un moyen de procédure usité dans les actions en revendication d'objets volés qui, intéressant pour l'histoire de la pratique du droit romain au ve siècle, ne paraît pas avoir attiré l'attention.

« Après avoir démontré combien l'intervention des évêques en faveur des criminels est conforme à la doctrine et à la charité chrétiennes, saint Augustin poursuit en ces termes :

« Vous dites que les choses sont présentement à un

1. Saint Augustin, *Ep.*, 153, chap. vi, 20 (édit. Migne, *Patrol. lat.*, t. XXXIII, col. 662; édit. Goldbacher, *Corp. script. ecclesiast. latin.*, t. XLIV, p. 419).

2. Les deux lettres adressées à saint Augustin par Macedonius (*Ep.*, 152 et 154) et les réponses de saint Augustin (*Ep.*, 153 et 155) fournissent des indications permettant de leur assigner la date de 414. Dans sa seconde lettre (*Ep.*, 154), Macedonius remercie, en effet, saint Augustin de lui avoir envoyé des livres qu'il avait publiés et saint Augustin, répondant à cette lettre, précise que ces livres étaient les trois premiers de la Cité de Dieu. Or, on sait que les trois premiers livres de la Cité de Dieu furent publiés en 413 et que les deux derniers furent commencés durant le carême de l'année 415 (*Ep.*, 169, chap. i). Cf. Pallu de Lessert, *Fastes des provinces africaines*, t. II, p. 227.

3. Pallu de Lessert, *Fastes des provinces africaines*, t. II, p. 226-228.

« point « que les hommes veulent et qu'on leur remette la « peine due à leurs crimes et qu'on leur laisse ce qui les « leur a fait commettre »; mais ceux dont vous parlez là « sont les plus scélérats de tous les scélérats, et la péni- « tence leur est un remède inutile. C'est se moquer et non « pas faire pénitence que de ne pas rendre, quand on le « peut, le bien qui n'est acquis que par le crime dont on « fait semblant de se repentir. Que ceux qui veulent faire « une sincère pénitence sachent que Dieu ne remet point « le péché qu'on ne rende ce que l'on a pris, lorsqu'on « est en état de le rendre, comme j'ai dit. Car, souvent le « méchant trouve d'autres méchants qui lui ôtent ce qu'il « a pris, ou lui-même le consume en débauches avec tout « ce qu'il pouvait avoir d'ailleurs pour restituer. Et nous « ne saurions dire à ceux-là rendez ce que vous avez pris, « si ce n'est lorsque nous avons sujet de croire qu'ils l'ont « encore et qu'ils le cachent; et lorsqu'en un tel cas, celui « qui veut ravoir son bien, persuadé que le voleur a de « quoi rendre, le fait mettre à la question, il ne lui fait « point d'injustice. Car, quand il n'aurait pas de quoi « rendre, il est juste qu'il soit puni de l'avoir pris par les « peines mêmes qu'on lui fait souffrir pour l'obliger de « rendre. Néanmoins, il n'est point contre la charité que « l'on doit à celui qui a souffert le tort, d'intercéder pour « celui qui le lui a fait, comme pour les autres criminels. « Car si nous intervenons alors, ce n'est pas pour nous oppo- « ser à la restitution que celui qui a perdu son bien a « droit de demander, mais pour empêcher qu'un homme « n'exerce contre un autre homme des cruautés inu- « tiles, surtout lorsqu'on a pardonné le crime et que, « sans songer à se venger, on ne cherche plus qu'à ravoir « son bien et à s'empêcher d'être trompé. Aussi obtenons- « nous grâce de la torture dès que nous pouvons persua- « der la partie que le voleur n'a pas de quoi rendre. Il y « en a même qui ont assez d'humanité pour ne vouloir « point, dans le doute, qu'on fasse souffrir des maux cer- « tains à un homme dont ils ne sont point certains de rien « tirer; et il sied bien au juge même, dans ces occasions,

« de nous porter à intercéder auprès des parties. Car il « vaut mieux courir le risque de laisser son bien à un « voleur qui l'a peut-être, mais qui le nie, que de s'expo- « ser à le tourmenter et à le faire peut-être mourir inuti- « lement, s'il ne l'a pas. Mais enfin c'est plutôt auprès des « parties que nous devons intercéder en pareil cas qu'au- « près des juges. Car, à l'égard du juge, ce serait en quelque « façon ôter le bien aux gens que de ne pas user de son « autorité pour le leur faire rendre, quoiqu'en faisant d'un « côté ce que la justice demande il ne faille pas, de l'autre, « oublier l'humanité[1]. »

« Répondant à un magistrat qui, soucieux de son devoir de juge et de la nécessité d'une répression efficace, lui avait témoigné la crainte que l'intervention des évêques en faveur des coupables n'accrût l'audace des criminels par l'espoir de l'impunité[2], saint Augustin avait à le convaincre que cette intercession, œuvre de charité, n'apportait aucune entrave au cours régulier de la justice. Il lui prouve donc, puisque c'était l'exemple choisi par Macedonius, qu'elle ne va point à laisser au ravisseur du bien d'autrui le fruit de son méfait, qu'elle n'empêche ni la victime d'exercer tous ses droits, ni le juge d'accomplir sa mission, et qu'elle se borne à les solliciter d'agir avec humanité, sans cruautés inutiles. Amené ainsi à préciser l'objet de l'intercession de l'évêque en pareille cause, il nous révèle l'état de la législation, à son époque, en matière de vol, et la façon dont elle était appliquée dans la pratique.

« Avec l'admirable sûreté de son sens juridique, il remarque tout d'abord qu'il ne peut y avoir à considérer que le cas où « on a pardonné le crime, où, sans songer « à se venger, on ne cherche plus qu'à ravoir son bien et « à s'empêcher d'être trompé ». En effet, si avant toute

1. Saint Augustin, *Ep.*, 153, chap. VI, 20 (édit. Migne, *Patrol. lat.*, t. XXXIII, p. 662; édit. Goldbacher, *Corp. script. ecclesiast. latin.*, t. XLIV, p. 419); traduction Du Bois, t. IV, p. 255-257.
2. *Ep.*, 152.

poursuite la partie lésée a été déterminée par les représentations de l'évêque à ne point engager une action tendant à l'application d'une peine, il n'y a eu de la part de ce dernier qu'un conseil de modération et de pitié, il n'y a point eu d'intervention au cours d'un procès, aucune instance n'étant encore engagée. Mais la simple énonciation de cette vérité juridique, faite pour tous les cas de vol sans en spécifier la nature, implique que tout voleur, s'il ne bénéficie pas de l'indulgente abstention de sa victime, est passible de peines publiques. Elle permet ainsi de discerner une jurisprudence dégagée des distinctions doctrinales auxquelles se complaît la science des jurisconsultes dont les textes ont été conservés dans le Digeste. Il ne s'agit plus de vol manifeste et non manifeste[1] donnant lieu à une simple condamnation pécuniaire au double, au triple, au quadruple de la valeur de la chose volée[2], ou à une indemnité[3]. Ce ne sont plus certains vols qualifiés, ceux commis dans les bains publics[4], ou avec effraction, soit de jour, soit de nuit[5], ou par des malfaiteurs de divers genres, les *expilatores*, les *saccularii*, les *directarii*[6], ce sont tous les vols qui sont désormais passibles d'une peine, et cette peine n'est plus uniquement pécuniaire. Nous voyons ainsi le développement d'une jurisprudence dont l'origine apparaît dans un fragment inséré au Digeste qui fait dire à Ulpien : *Meminisse opor-*

1. *Dig.*, XLVII, 2, de furtis, fr. 2, 3, 5, 7, 8.
2. *Dig.*, XLVII, 2, de furtis, fr. 46, § 2, fr. 50.
3. *Dig.*, XLVII, 2, de furtis, fr. 56, § 1.
4. *Dig.*, XLVII, 17, de furtis balneariis; I, 15, de officio praefecti vigilum, fr. 3, § 5.
5. *Dig.*, XLVII, 18, de effractoribus et expilatoribus, fr. 1, § 1, fr. 2.
6. *Dig.*, XLVII, 11, de extraordinariis criminibus, fr. 7 : *Ulpianus libro IX de officio proconsulis. — Saccularii, qui vetitas in sacculo artes exercentes partem subducunt, partem subtrahunt, item qui directarii appellantur, hoc est, qui in aliena coenacula se dirigunt furandi animo, plus quam fures puniendi sunt, idcircoque aut ad tempus in opus dantur publicum, aut fustibus castigantur et dimittuntur, aut ad tempus relegantur.*

tebit nunc furti plerumque criminaliter agi et eum qui agit in crimen subscribere. Non quasi publicum sit judicium, sed quia visum est temeritatem agentium etiam extraordinaria animadversione coercendam. Non ideo tamen minus, qui velit, poterit civiliter agere (ULPIANUS LIBRO XXXVIII AD EDICTUM)[1]. Cette procédure criminelle établie ainsi en usage, en matière de vol, devait nécessairement amener dans la jurisprudence l'extension aux vols simples des pénalités dont étaient frappés les vols qualifiés; extension facilitée par l'état de la législation impériale qui, pour les vols qualifiés, n'avait décerné aucune peine spéciale et avait laissé le soin de déterminer la peine à l'appréciation des juges[2]. Les pénalités appliquées étaient, suivant les cas, la fustigation, l'exil, le travail public, la rélégation[3].

1. *Dig.*, XLVII, 2, de furtis, fr. 92. Cf. *Dig.*, XLVIII, 19, de poenis, fr. 11, § 1 : MARCIANUS LIBRO II DE PUBLICIS JUDICIIS... *Furta domestica, si viliora sunt, publice vindicanda non sunt, nec admitenda est hujusmodi accusatio;* — *Dig.*, I, 18, fr. 13, pr. : *Ulpianus libro VII de officio proconsulis. Congruit bono et gravi praesidi curare, ut pacata atque quieta provincia sit, quam regit. Quod non difficile obtinebit, si sollicite agat, ut malis hominibus provincia careat, eosque conquirat. Nam et sacrilegos, latrones, plagiarios, fures conquirere debet, et prout quisque deliquerit, in eum animadvertere, receptoresque eorum coercere, sine quibus latro diutius latere non potest.*

2. *Dig.*, XLVII, 18, de effractoribus et expilatoribus, fr. 1, § 1 : ULPIANUS LIBRO VIII DE OFFICIO PROCONSULIS... *Expilatores, qui sunt atrociores fures, hoc enim est expilatores, in opus publicum, vel perpetuum, vel temporarium dari solent, honestiores autem ordine ad tempus moveri, vel fines patriae juberi excedere; quibus nulla specialis poena Rescriptis Principalibus imposita est; idcirco causa cognita liberum erit arbitrium statuendi ei, qui cognoscit.*

3. *Dig.*, XLVII, 18, fr. 1, § 1 (texte cité dans la note précédente); — *Dig.*, XLVII, 11, de extraordinariis criminibus, fr. 7; — *Dig.*, XLVII, 17, de furibus balneariis, fr. 1 : ULPIANUS LIBRO VIII DE OFFICIO PROCONSULIS. — *Fures nocturni extra ordinem audiendi sunt, et causa cognita puniendi, dummodo sciamus, in poena eorum operis publici temporarii modum non egrediendum. Idem et in balneariis furibus. Sed si telo se fures defendunt, vel effractores, vel ceteri his similes, nec quemquam percusserunt, metalli poena, vel honestiores relegationis afficiendi erunt.*

Ces mêmes peines afflictives, avec les tempéraments que comportaient les circonstances plus ou moins aggravantes, étaient apparemment celles dont étaient punis, à l'époque de saint Augustin, tous les vols. Ce sont encore, en effet, des pénalités de ce genre qu'une novelle de Justinien rappelle comme seules applicables aux voleurs ordinaires[1].

« La victime du vol peut avoir pardonné le crime, suivant l'expression de saint Augustin, c'est-à-dire s'être abstenue d'intenter l'action criminelle. Elle n'en est pas moins propriétaire de la chose volée; par conséquent, en droit d'en réclamer la restitution, de la revendiquer. Or, la revendication d'une chose n'est possible que contre celui qui l'a en sa possession, et la preuve de ce fait incombe au demandeur; preuve difficile qui souvent ne se pourra établir que si l'on dispose d'un moyen de procédure permettant de rechercher et de découvrir la chose où le voleur l'a cachée, soit chez lui-même, soit, pour se débarrasser du corps du délit, chez un recéleur. Il n'y avait plus à penser avoir recours à l'antique procédé de perquisitions *lance et linteo*[2] ou *licio*[3] dont le souvenir

1. *Nov. Just.*, 134, cap. 13 : *Pro furto autem nolumus omnino quodlibet membrum abscindi aut mori, sed aliter eum castigari. Fures autem vocamus, qui occulte et sine armis hujusmodi delinquunt; eos vero, qui violenter aggrediuntur, aut cum armis, aut sine armis, in domibus, aut in itineribus, aut in mari, poenis eos legalibus subdi jubemus.*

2. Le demandeur ne pouvait procéder aux perquisitions dans la demeure où le voleur était soupçonné d'avoir caché la chose volée qu'en se présentant nu, muni seulement *lance et linteo*, c'est-à-dire d'un plat tenu à la main et d'une ceinture autour des reins. *Lex... hoc solum praecipit, ut qui quaerere velit nudus quaerat linteo cinctus, lancem habens; qui si quid invenerit, jubet id lex furtum manifestum esse* (Gaius, III, 192).

3. Aulu-Gelle, *Nuits attiques*, liv. XI, 18; — Pompeius Festus, *De significatione verborum*, lib. X, v° *lance et licio : dicebatur apud antiquos, quia qui furtum ibat quaerere in domo aliena licio cinctus intrabat, lancemque ante oculos tenebat propter matrum familiae aut virginum praesentiam.*

n'était plus, au temps de Gaius, qu'une curiosité d'érudition, et dont les formes étranges paraissaient ridicules[1]. Le moyen dont saint Augustin nous révèle l'usage à son époque est moins naïf, mais moins humain, et on comprend sans peine que les évêques, poursuivant leur belle mission d'adoucir les mœurs, aient jugé à propos d'intervenir pour en prévenir l'emploi, au moins lorsque, selon toute apparence, il ne pouvait être qu'une cruauté sans profit. Ce moyen consistait à tirer du défendeur par la torture l'aveu que l'objet volé était demeuré en sa possession et les indications nécessaires pour le forcer à le rendre. De ce que dit saint Augustin que « c'est plutôt « auprès des parties que les évêques doivent intercéder « en pareil cas » et de ce qu'il ajoute à l'égard du juge, il résulte que la mise à la question était ordonnée à la requête du demandeur et que le juge, dans la pratique, sinon en droit, ne croyait pas pouvoir s'abstenir de la faire appliquer.

« L'emploi dans une action civile d'un mode de preuve emprunté à la procédure criminelle s'explique par le caractère particulier qu'imprime à cette action le fait délictueux dont elle est la conséquence, caractère qui se manifeste également dans la dénomination de la *condictio furtiva* ou *ex causa furtiva*[2] et dans certains effets qui lui sont propres : l'obligation des héritiers tenus *in solidum*, et non pour partie[3], l'estimation de la chose volée d'après

1. *Quid sit autem linteum quaesitum est; sed verius est consuti genus esse quo necessariae partes tegerentur. Quare lex tota ridicula est* (Gaius, III, 193).

2. *Dig.*, XIII, 1, de condictione furtiva, fr. 5, fr. 8, § 1, fr. 9.

3. *Cod. Just.*, IV, VIII, de condictione furtiva, 1 : IMPP. DIOCLETIANUS ET MAXIMIANUS AA. et CC. HERMOGENI. — *Praeses provinciae, sciens, furti quidem actione singulos quosque in solidum teneri, condictionis vero numorum furtim subtractorum electionem esse, ac tum demum, si ab uno satisfactum fuerit, ceteros liberari, jure proferre sententiam curabit.* DAT. KAL. MAI (294-305); — *Dig.*, XIII, 1, de condictione furtiva, fr. 9 : IDEM (ULPIANUS) LIBRO XXX AD EDICTUM. *In condictione ex causa furtiva non pro parte, quae pervenit, sed in solidum tenemur, dum soli here-*

le moment où elle a eu le plus de valeur[1], la responsabilité étendue même au cas fortuit[2]. Quant à l'interrogatoire avec torture, ce moyen de preuve, auquel, pendant la période républicaine, les esclaves pouvaient seuls être soumis dans des cas déterminés, était depuis longtemps dans les mœurs judiciaires. Il y avait été introduit progressivement. On le voit d'abord appliqué sous Tibère[3], sous Claude[4], sous Néron[5], sous Domitien[6] à des hommes

des, sumus; pro parte autem heres pro ea parte, pro qua heres est, tenetur. Cf. *Inst.*, IV, 1, de obligationibus quae ex delicto nascuntur, § 19 [§ 21]; — *Dig.*, XIII, 1, de condictione furtiva, fr. 5, fr. 7, § 2.

1. *Dig.*, XIII, 1, de condictione furtiva, fr. 8, § 1 : IDEM (ULPIANUS) LIBRO XXVII AD EDICTUM, *si ex causa furtiva res condicatur, cujus temporis aestimatio fiat, quaeritur. Placet tamen, id tempus spectandum, quo res unquam plurimi fuit, maxime quum deteriorem rem factam fur dando non liberatur; semper enim moram fur facere videtur.*

2. *Dig.*, XIII, 1, de condictione furtiva, fr. 8, pr. : *In re furtiva condictio ipsorum corporum competit; sed utrum tamdiu, quamdiu extent, an vero et si desierint esse in rebus humanis? Et, si quidem obtulit fur, sine dubio nulla erit condictio; si non obtulit, durat condictio aestimationis ejus, corpus enim ipsum praestari non potest;* — fr. 20 : TRYPHONIUS LIBRO XV DISPUTATIONUM. *Licet fur paratus fuerit excipere condictionem, et per me steterit, dum in rebus humanis res fuerat, condicere eam, postea autem perempta est, tamen durare condictionem veteres voluerunt, quia videtur, qui primo invito domino rem contrectaverit, semper in restituenda ea, quam nec debuit auferre, moram facere.*

3. Suétone, *Tibère*, LVIII : *Statuae quidam Augusti caput demserat, ut alterius imponeret. Acta res in senatu, et quia ambigebatur, per tormenta quaesita est.*

4. Tacite, *Annales*, XI, 22 : *Interea Romae... Cn. Novius, eques romanus, ferro accinctus reperitur* in coetu salutantium principem; *nam, postquam tormentis dilaniabatur, de se Novius, conscios non edidit, incertum an occultans.*

5. Tacite, *Annales*, XV, 56 : *Ergo accitur Natalis, et diversi interrogantur,... quum exorta suspicio, quia non congruentia responderant, inditaque vincla. Et tormentorum adspectum ac minas non tulere.*

6. Suétone, *Domitien*, VIII : *Corneliam, maximam virginem,...*

libres accusés du crime de lèse-majesté. Demeurée en usage depuis lors dans les procès pour cause de majesté[1], de magie[2], de faux[3], la torture fut appliquée même à des personnages d'un rang élevé; mais, semble-t-il, avec autorisation spéciale de l'empereur[4]. Sous Septime-

convictam, defodi imperavit; stupratoresque virgis in comitio ad necem caedi, excepto praetorio viro, cui dubia etiam tum causa et incertis quaestionibus atque tormentis, de semet professo exilium indulsit.

1. Paul, *Receptae sententiae*, lib. V, tit. XXIX, ad legem Juliam majestatis, § 2 : *Tanti enim criminis reus non obtentu adulationis alicujus, sed ipsius admissi causa puniendus est. Et ideo cum de eo quaeritur, nulla dignitas a tormentis excipitur.*

2. *Cod. Theod.*, IX, XVI, 6 = *Cod. Just.*, IX, XVIII, 7 : IDEM (IMP. CONSTANTIUS) A. AD TAURUM P(RAEFECTUM) P(RAETORI)O. *Etsi excepta tormentis sunt corpora honoribus praeditorum, praeter illa videlicet crimina, quae legibus demonstrantur, etsi omnes magi, in quacumque sint parte terrarum, humani generis inimici credendi sunt, tamen quoniam qui in comitatu nostro sunt ipsam pulsant propemodum majestatem, si quis magus vel magicis contaminibus adsuetus, qui maleficus vulgi consuetudine nuncupatus, aut haruspex aut hariolus aut certe augur vel etiam mathematicus aut narrandis somniis occultans artem aliquam divinandi aut certe aliquid horum simile exercens in comitatu meo vel Caesaris fuerit deprehensus, praesidio dignitatis cruciatus et tormenta non fugiat. Si convictus ad proprium facinus detegentibus repugnaverit pernegando, sit eculeo deditus ungulisque sulcantibus latera perferat poenas proprio dignas facinore.* DAT. III NON. JUL. ARIMINI DATIANO ET CEREALE CONSS. (5 jul. 358). Ce fut par application de cette loi qu'en Asie, sous Valens, l'an 374, des personnes de tous rangs, accusées ou soupçonnées de magie, furent soumises à la question (Ammien Marcellin, liv. XXIX, chap. I, 40; édit. Wagner, t. III, p. 507; Zosime, IV, 14).

3. *Cod. Theod.*, IX, XIX, ad legem Corneliam de falso, 1 = *Cod. Just.*, IX, XXII, 21 : IMP. CONSTANTINUS A. MECILIO HILARIANO CORRECTORI LUCANIAE ET BRUTTIORUM. *Si quis decurio testamentum vel codicillos aut aliquam deficientis scripserit voluntatem vel conscribendis publicis privatisque instrumentis praebuerit officium, si falsi quaestio moveatur, decurionatus honore sepolito quaestioni, si ita poposcerit causa, subdatur...* DAT. III KAL. FEBR. ACC. KAL. AUG. SABINO ET RUFINO CONSS. (30 janv. 316).

4. *Cod. Theod.*, IX, XXXV, de quaestionibus, 1 = *Cod. Just.*,

Sévère, on la voit étendue aux témoins, au moins en cas de témoignage hésitant[1]. Sous Constantin, elle est devenue de règle à l'égard des témoins de rang inférieur[2], et en cas de crime de majesté portant atteinte à la personne des princes, c'est-à-dire en cas de perduellion[3], témoins et accusés, tous y sont soumis[4]. Au Bas-Empire, l'emploi

IX, VIII, 4 : IMPPP. VAL(ENTINI)ANUS VALENS ET GRA(TIA)NUS AAA. AD OLYBRIUM P(RAEFECTUM) U(RBI). *Nullus omnino + ob fidiculas perferendas inconsultis ac nescientibus nobis vel militiae auctoramento vel generis aut dignitatis defensione nudetur, excepta tamen majestatis causa, in qua sola omnibus condicio est*

+ Cod. Just. : Cui inconsultis ac nescientibus nobis fidicularum tormenta inferuntur, militiae vel generis aut dignitatis defensione uti prohibeatur. || fin dans le *Cod. Just.*

|| *si quoque citra consultationis modum subjiciantur quaestioni, qui evidentibus argumenti subcribtiones nostras finxisse prodentur, qua in re ne palatini quidem nominis adsumptionem hujus esse volumus quaestionis exortem.* DAT. VIII ID. JUL. VAL(ENTINI)ANO NOB. P. ET VICTORE CONSS. (8 jul. 369). On a un exemple de l'application de cette loi dans les nombreuses poursuites pour cause de magie exercées à Rome sous Valentinien en 368 ou 370. Maximin, préfet de l'annone, chargé d'instruire ces affaires, obtint de l'empereur l'autorisation de mettre à la torture même les personnes de l'ordre sénatorial (Ammien Marcellin, XXVIII, I, 10-11, 24-25; édit. Wagner, t. III, p. 465-466, 468-469).

1. *Dig.*, XLVIII, XVIII, fr. 15, pr. : CALLISTRATUS, LIBRO V DE COGNITIONIBUS. *Ex libero homine pro testimonio non vacillante quaestionem haberi non oportet.*

2. *Dig.*, XXII, V, fr. 21, § 2 : ARCADIUS, QUI ET CHARISIUS, LIBRO SINGULARI DE TESTIBUS... *Si ea rei condicio sit, ubi arenarium testem, vel similem personam admittere cogimur, sine tormentis testimonio ejus credendum non est.*

3. *Dig.*, XLVIII, IV, fr. 11; *Cod. Just.*, IX, XLI, 1, pr.

4. *Cod. Theod.*, IX, V, 1 = *Cod. Just.*, IX, VIII, 3 : IMP. CONSTANTINUS A. AD MAXIMUM P(RAEFECTUM) U(RBI). *Si quis alicui majestatis crimen intenderit, cum in hujuscemodi re convictus minime quisquam privilegio dignitatis alicujus a strictiore inquisitione defendatur, sciat se quoque tormentis esse subdendum, si aliis manifestis indiciis accusationem suam non potuerit conprobare. Cum eo qui hujus esse temeritatis deprehenditur, illum quoque tormentis subdi oportet, cujus consilio atque instinctu*

de la torture est constant[1]. Le texte de saint Augustin dont il s'agit en montre l'emploi non plus seulement dans les procès pour crimes contre la chose publique, mais dans les procès pour délits contre les particuliers, notamment pour vol, et, alors même que l'action pénale étant abandonnée, il n'est plus question que d'une poursuite en revendication, action civile au cours de laquelle le voleur est, au point de vue de l'interrogatoire, assimilable à un témoin. »

ad accusationem accessisse videbitur, ut ab omnibus commissi consciis statuta vindicta possit reportari [fin dans le *Cod. Just.*]. *In servis quoque vel libertis, qui dominos aut patronos accusare aut deferre temptaverint, professio tam atrocis audaciae statim in admissi ipsius exordio per sententiam judicis conprimatur ac denegata audientia patibulo adfigatur*. P(RO)P(OSITA) KAL. JANUAR. VOLUSIANO ET ANNIANO CONSS. (1er janv. 314 [320-323]). *Dig.*, XLVIII, XVIII, de quaestionibus, fr. 10, § 1 : ARCADIUS CHARISIUS LIBRO SINGULARI DE TESTIBUS... *Sed omnes omnino in majestatis crimine, quod ad personam principum attenit, si ad testimonium provocentur, quum res exigit, torquentur.*

1. Ammien Marcellin, lib. XVIII, cap. III, 5; lib. XXI, cap. XVI, 9; lib. XXVI, cap. X, 5; lib. XXIX, cap. II, 25-28; édit. Wagner, t. III, p. 154-155, 264, 428, 513-514.

Nogent-le-Rotrou, imprimerie DAUPELEY-GOUVERNEUR.

www.ingramcontent.com/pod-product-compliance
Ingram Content Group UK Ltd.
Pitfield, Milton Keynes, MK11 3LW, UK
UKHW020503220726
13923UKWH00006B/2727